Madeleine Jansen

Freizeitverhalten und Medienalltag von Jugendlichen im 21. Jh.

GRIN Verlag

Bibliografische Information der Deutschen Nationalbibliothek:

Die Deutsche Bibliothek verzeichnet diese Publikation in der Deutschen National-
bibliografie; detaillierte bibliografische Daten sind im Internet über http://dnb.d-
nb.de/ abrufbar.

Impressum:

Copyright © 2013 GRIN Verlag GmbH
Druck und Bindung: Books on Demand GmbH, Norderstedt Germany
ISBN: 978-3-656-57554-2

Inhaltsverzeichnis

1. Einleitung

Bereits seit vielen Jahren sind digitale Medien ein fester Bestandteil unserer Gesellschaft. Täglich wird Radio gehört, Fernsehen geschaut, das Handy genutzt und im Internet recherchiert, sodass die verschiedenen Medien in unserem Alltag eine bedeutende Rolle einnehmen. Entsprechend gilt dies natürlich auch für Kinder und Jugendliche, die heute in dieser Medienwelt groß werden und all die medialen Möglichkeiten so als selbstverständlich betrachten.

Um auf aktuelle Fragen des Medienumgangs insbesondere von Jugendlichen eingehen zu können, sollen im Folgenden wesentliche Daten der JIM-Studie 2012 zusammenfassend dargestellt werden, wobei im Zuge dessen aufgezeigt werden soll, in welcher Beziehung die Medien zum Freizeitverhalten der Jugendlichen stehen und ob das „normale" Freizeitverhalten durch die Medien bedroht wird.

Die Abkürzung „JIM" steht für „Jugend, Information, (Multi-)Media" und befasst sich konkret mit Medienausstattung, Freizeitverhalten und Mediennutzung von Jugendlichen, insbesondere dem Umgang mit Fernsehen, Radio, Handy, Computer und Internet, außerdem geht es in dieser Studie um die Wichtigkeit und Glaubwürdigkeit von Medien. Zum Zwecke der Datenerhebung wurden für die Studie 1.201 Jugendliche im Alter von 12 bis 19 Jahren telefonisch befragt (vgl. JIM 2012: 3f.).

2. Freizeitverhalten von Jugendlichen

Was das Freizeitverhalten betrifft, lässt sich sagen, dass non-mediale Freizeitaktivitäten gemeinsam mit Freunden oder der Familie für viele Jugendliche zum Alltag gehören. An erster Stelle steht dabei das Treffen mit Freunden, dies ist für vier Fünftel aller 12- bis 19-Jährigen eine wichtige Aktivität. Etwa drei Viertel betätigen sich regelmäßig sportlich in ihrer Freizeit, während Unternehmungen mit der Familie und Musizieren für etwas mehr als ein Fünftel eine regelmäßige Beschäftigung ist. Tätigkeiten wie Malen und Basteln, der Besuch von Sportveranstaltungen sowie ein Einkaufsbummel in der Stadt sind mit 14%, 13% bzw. 7% bei den Jugendlichen weniger beliebt. Auch Aktivitäten wie das Besuchen von Partys oder der Gang in die Disco finden mit 5% bzw. 2% seltener statt, genauso der Gang in eine Bibliothek (3%) oder die Kirche (1%) (vgl. JIM 2012: 9).

Insgesamt geht mit steigendem Alter die Häufigkeit von sportlichen Aktivitäten und Familienunternehmungen etwas zurück. Ebenso spielen dann Malen und Basteln sowie der

Besuch von Sportveranstaltungen eine geringere Rolle, wohingegen das Treffen mit Freunden oder der Besuch von Partys und Diskotheken an Bedeutung zunehmen (vgl. JIM 2012: 10).

Neben den bereits genannten Aktivitäten engagieren sich viele Jugendliche außerdem in Vereinen oder gehören anderen Gruppen an. Zwei Drittel der 12- bis 19-Jährigen sind Mitglied in einem Sportverein, und einer festen Clique, die sich regelmäßig trifft, fühlen sich 57% zugehörig. Etwa ein Fünftel der Jugendlichen ist in einer religiösen Gruppe oder Teil eines Musikvereins bzw. Chors und etwa jeder Zehnte ist Mitglied in einer Sozial- oder Umweltinitiative sowie in irgendeiner Art von Heimatverein. Eher selten ist mit 3% die Zugehörigkeit zu einer politischen Partei oder der Freiwilligen Feuerwehr. Nur vereinzelt wurden an dieser Stelle auch Schul-AGs, Tanzvereine, Reitvereine oder Fitness-Clubs genannt, die insgesamt etwa 6% ausmachen. Insgesamt nimmt das Engagement in Sportvereinen sowie die Mitgliedschaft in Musik- und Gesangsvereinen mit zunehmendem Alter ab, wohingegen Treffen mit der Clique sowie die Bereitschaft, sich in einer politischen Partei zu engagieren, häufiger werden (vgl. JIM 2012: 10f.).

3. Medienbeschäftigung von Jugendlichen in der Freizeit

Wie bereits erwähnt, spielen Medien in unserem Alltag eine bedeutende Rolle, dies trifft insbesondere auf Jugendliche zu. Mediengeräte und Medieninhalte sind allgegenwärtig und werden für Information, Unterhaltung und Kommunikation genutzt. So ist einerseits das Repertoire bei der Ausstattung mit Mediengeräten bei Jugendlichen sehr hoch, andererseits ist auch die Mediennutzung bei den meisten vielfältig und flexibel. An erster Stelle stehen hier Internet, Fernsehen und Handy, diese Medien werden von jeweils 91% der 12- bis 19-Jährigen regelmäßig genutzt. Auch Musikmedien wie MP3-Dateien, das Radio sowie CDs und Kassetten sind mit 81%, 78% bzw. 56% fester Bestandteil des Alltags.

Was die Printmedien Buch und Tageszeitung betrifft, so werden diese von ca. zwei Fünfteln konsumiert. Zeitschriften und Magazine werden von 26% der Jugendlichen mehrmals in der Woche gelesen, wobei die Onlineangebote der selbigen mit 34% bzw. 26% eine vergleichsweise untergeordnete Rolle spielen. Computer- und Konsolenspiele, die offline gespielt werden, werden von 32% aller Jugendlichen regelmäßig genutzt. Seltener ist hier der Gang ins Kino, der innerhalb von 14 Tagen für lediglich 22% der Jugendlichen eine Option ist (vgl. JIM 2012: 12).

Auch an dieser Stelle lässt sich mit steigendem Alter eine Veränderung feststellen: Während die TV- und Radionutzung über alle Altersklassen hinweg auf hohem Niveau bleibt, nimmt die regelmäßige Nutzung der Tageszeitung zu. Rückläufig sind hingegen das Lesen von Büchern sowie das Spielen von Computer- und Konsolenspielen (vgl. JIM 2012: 13).

4. Wichtigkeit der Medien

Was die subjektive Wichtigkeit von Medien für den Alltag betrifft, kann diese auch unabhängig von der Häufigkeit der Nutzung betrachtet werden. So wurden die befragten Jugendlichen gebeten, die subjektive Relevanz verschiedener Mediengattungen bzw. Medieninhalte auf einer vierstufigen Skala von „gar nicht wichtig" bis „sehr wichtig" zu bewerten.

Dabei zeigte sich, dass das Hören von Musik, ganz gleich über welches Medium, für neun von zehn der 12- bis 19-jährigen Jugendlichen eine wichtige oder sehr wichtige Medientätigkeit darstellt. Auch Internet und Handy genießen mit 88% bzw. 80% einen hohen Stellenwert. Radio, Fernsehen und Bücher sind für mehr als jeden zweiten Jugendlichen wichtige oder sehr wichtige Medien, die Wertigkeit von Computer- und Konsolenspielen liegt etwas darunter. Hinsichtlich des steigenden Alters lässt sich sagen, dass die Bedeutung von Musik, Internet, Handy und Tageszeitung beständig zunimmt, während die Wichtigkeit von Fernsehen sowie von Computer- und Konsolenspielen etwas zurückgeht (vgl. JIM 2012: 14f.). Weitere Unterschiede lassen sich im Bereich der verschiedenen Bildungsgruppen feststellen, dies trifft vor allem auf die Printmedien zu. So empfinden 66% der Gymnasiasten das Lesen von Büchern als wichtig, während dies nur für 32% der Hauptschüler und 45% der Realschüler der Fall ist. Das Lesen der Tageszeitung ist für 48% der Gymnasiasten, aber nur für 33% der Haupt- und Realschüler wesentlich (vgl. JIM 2012: 15).

5. Glaubwürdigkeit der Medien

Auch das subjektive Vertrauen der Jugendlichen in die verschiedenen Mediengattungen wird in der JIM-Studie 2012 erfasst. Dazu wurden diese gefragt, welchem Medium sie im Falle einer widersprüchlichen Berichterstattung am ehesten Glauben schenken würden.

An erster Stelle ist hier die Tagezeitung zu nennen, sie ist für knapp jeden zweiten der 12- bis 19-Jährigen das vertrauenswürdigste Medium. Deutlich dahinter stehen Fernsehen (22%), Radio (17%) und das Internet (11%). Hier zeigt sich, dass obwohl die Tageszeitung im

Vergleich zu anderen Medien hinsichtlich der regelmäßigen Nutzung den geringsten Wert hat, das Vertrauen der Jugendlichen am größten ist, was die Echtheit der Informationen betrifft, dieser Effekt nimmt mit steigendem Alter zu (vgl. JIM 2012 16f.).

Auch innerhalb der einzelnen Bildungsgruppen wird die Glaubwürdigkeit der Medien unterschiedlich bewertet. Hauptschüler erachten das Fernsehen mit 32% als das vertrauenswürdigste Medium, dicht dahinter folgt die Tageszeitung mit 28%. Gymnasiasten würden im Zweifelsfall am ehesten die Tageszeitung zu Rate ziehen (55%), dies gilt weniger für Fernsehen (21%), Radio (14%) und Internet (8%) (vgl. JIM 2012: 17).

6. Medienkompetenz

Den verantwortungsvollen Umgang mit Medien zu erlernen und sich sowohl der Chancen als auch der Gefahren ihrer Nutzung bewusst zu sein, ist für Kinder und Jugendliche besonders wichtig. So zeigt die JIM-Studie 2012, inwiefern medienbezogene Themen in der Schule behandelt werden und diese Unterrichtseinheiten von den Jugendlichen bewertet werden. Insgesamt 62% der 12- bis 19-Jährigen haben Themen wie Internet, Handy, Online-Communities und Datenschutz schon einmal im Unterricht durchgenommen. Insbesondere die 14- bis 17-jährigen Jugendlichen berichten davon, solche Medienthemen bereits in der Schule behandelt zu haben, wobei dies in der Regel häufiger an Hauptschulen als an Realschulen oder Gymnasien der Fall ist (vgl. JIM 2012: 59).

Von der Medienkompetenzvermittlung in der Schule profitieren besonders stark die jüngsten Befragten. So können 71% der 12- bis 13-Jährigen berichten, die behandelten Themen nun besser zu verstehen, ganze 57% haben im Bereich Medien etwas Neues erfahren, wobei diese Effekte mit zunehmendem Alter natürlich abnehmen. Ebenso ist der Einfluss auf das konkrete Mediennutzungsverhalten in dieser Gruppe mit 32% am größten. Was die verschiedenen Bildungsgruppen betrifft, lässt sich zusammenfassend sagen, dass Haupt- und Realschüler bei der Wissensvermittlung zum Thema Medienkompetenz etwas höhere Werte als Gymnasialschüler erreichen, bei der Umsetzung der gelernten Inhalte im Alltag jedoch etwas zurückfallen. Insgesamt wird diese Aufklärung von Jugendlichen durchaus angenommen und kann sich sowohl in ihrem Medienwissen als auch im alltäglichen Nutzungsverhalten niederschlagen (vgl. JIM 2012: 60).

7. Medien, Peers und Identitätsentwicklung

Die Allgegenwärtigkeit von Medien im Alltag von Jugendlichen beeinflusst natürlich auch in großem Maße die Ausbildung ihrer Identität. So stellen Süss und Hipeli (2010: 142) fest: „Die Medien spielen im Alltag von Jugendlichen eine zentrale Rolle. Sie eröffnen als soziale Probebühnen Handlungsräume, in welchen Identitäten erarbeitet werden. Der Umbau der sozialen Beziehungen in der Ablösung von den Eltern und der Zuwendung zu den Peers wird über Medien gestaltet."

Ganz zentral für die Erarbeitung der eigenen Identität sind Fragen wie „Wer bin ich?", „Zu wem gehöre ich?" und „Von wem grenze ich mich ab?" (vgl. Süss/Hipeli 2010: 146). Früher ging man davon aus, dass sich Identität in direkter sozialer Interaktion entwickelt, heute muss man aber noch die mediale Interaktion hinzurechnen (vgl. Mikos 2004: 157).

Die Jugendlichen verwenden Medien, um die eben genannten Fragen zu klären und ihre vorläufigen Antworten öffentlich darzustellen. Die Suche nach der eigenen Identität geht dabei auch einher mit der Ablösung vom Elternhaus, man wendet sich den Peergroups zu, also Gruppen, die aus Gleichgesinnten bestehen und Interessengemeinschaften bilden. Diese Ablösung von den Eltern bedeutet aber nicht, dass es im Leben der Jugendlichen zu einem Verlust von Bezugspersonen kommt, ganz im Gegenteil: Der familiäre Zirkel wird lediglich erweitert. Es handelt sich vielmehr um eine Verschiebung der Priorität, mit wem die Zeit bzw. die Freizeit verbracht wird (vgl. Süss/Hipeli 2010: 144f.). Gerade Peergroups definieren sich beispielsweise über ihre Medienpräferenzen und -gewohnheiten und grenzen sich so von anderen ab. Sind es bei Mädchen eher Soaps wie „Gute Zeiten – schlechte Zeiten", findet man bei Jungen die Zugehörigkeit zu Online-Game-Communities wie „World of Warcraft". Je nach Interessengemeinschaft werden die Medien als Mittel zum Selbstausdruck und der Unterhaltung auch gemeinsam konsumiert. Vor allem die Anschlusskommunikation zu Medienerlebnissen dient den Jugendlichen dann dazu, miteinander über sich selbst reden zu können, ohne sich übermäßig zu exponieren. Es ist einfacher, über das fragwürdige Verhalten eines Protagonisten in einer Soap zu reden als über eigene Unsicherheiten (vgl. Süss/Hipeli 2010: 145f.).

Vor allem spielt aber auch hier wieder besonders das Internet eine wichtige Rolle. Einerseits bietet es eine weitere Möglichkeit der Kontaktaufnahme und der Vernetzung mit einer Peergroup. Gerade wenn es um Online-Medien geht, ist beim Peergroup-Treffen im Internet nicht einmal mehr die körperliche Präsenz von Nöten. Daher haben insbesondere Online-

Medien einen speziellen Einfluss auf die Ablösungsphase und die Zuwendung zu Peergroups (vgl. Süss/Hipeli 2010: 146).

Andererseits hieß es im obigen Zitat „Medien eröffnen soziale Probebühnen als Handlungsraum, in dem Identitäten erarbeitet werden", in diesem Zusammenhang sind es dann auch die Online-Welten, die eine wichtige Rolle spielen. Die Faszination von Cyberspace und Online-Spielen für Jugendliche lässt sich damit erklären, dass Jugendliche im virtuellen Raum die Möglichkeit haben, verschiedene Rollen und Identitäten anzunehmen und auszuprobieren. Diese Möglichkeiten, die im realen Leben nur bedingt gegeben sind, stillen die Neugier der Heranwachsenden, geben Selbstsicherheit und helfen den Jugendlichen dabei, ihre Identität auszubilden (vgl. Süss/Hipeli 2010: 148).

Zusammenfassend lässt sich sagen, dass Medien zwar einen großen Einfluss auf das Freizeitverhalten von Jugendlichen haben, das „normale" Freizeitverhalten dadurch jedoch nicht gefährdet ist, vielmehr kann man von einer Verlagerung der Interessen sprechen. Zu guter Letzt sind Medien nicht nur allgegenwärtig, sondern spielen für die Entwicklung der eigenen Persönlichkeit und Identität von Jugendlichen eine ganz zentrale Rolle, sodass vor allem ein kontrollierter und kritischer Umgang mit Medien notwendig ist, wie dies bereits an einigen Schulen der Fall ist.

Literaturverzeichnis

• JIM 2012: Jugend, Information, (Multi-)Media. Basisstudie zum Medienumgang 12- bis 19-Jähriger in Deutschland. (http://www.mpfs.de/fileadmin/JIM-pdf12/JIM2012_Endversion.pdf)

• Mikos, L.: „Medien als Sozialisationsinstanz und die Rolle der Medienkompetenz". In: Hoffmann, D.; Merkens, H. (Hrsg.): *Jugendsoziologische Sozialisationstheorie. Impulse für die Jugendforschung.* München 2004, S. 151-171.

• Süss, D.; Hipeli, E.: „Medien im Jugendalter." In: Vollbrecht, R.; Wegener, C.: *Handbuch Mediensozialisation.* Wiesbaden 2010, S. 142-150.